HEBREW — Primer

עִבְרִית – אַלְפוֹן

BEHRMAN HOUSE

Lois Rothblum
Bella Bergman
Ora Band

HEBREW

A language course

Primer

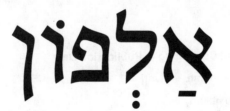

אֲלֶפוֹן

BEHRMAN HOUSE, INC.

Project Coordinator   *Priscilla Fishman*

Illustrations copyright © 1987 by   *Moshe Arzt*

Library of Congress Cataloging in Publication Data

Hebrew: a language course = ['Ivrit].

"Primer" by Lois Rothblum,
Bella Bergman, and Ora Band.
  Includes indexes.
  Contents: v. [1] Level 1   —v. [3] Level 3.
  1. Hebrew language—Grammar—1950-   . I. Bergman,
Bella. II. Band, Ora. III. 'Ivrit. IV. Rotholum, Lois.
PJ4567.3.H4 1981   492.4′82421   81-12245
ISBN 0-87441-463-6

Copyright © 1987 by Behrman House, Inc.
11 Edison Place, Springfield, NJ 07081
www.behrmanhouse.com
Manufactured in the United States of America

TO THE STUDENT

The History of the Hebrew Language

Hebrew is a member of the Semitic family of languages. In antiquity the people who spoke Semitic languages inhabited the area known today as Iraq, Lebanon, Israel, Jordan and the Arabian Peninsula. In Biblical times the Israelites believed that the inhabitants of these regions were descended from Noah's son, Shem. The word Semitic is derived from the name Shem, and though it is not a scientific term it has been adopted by scholars.

Of the five main branches of Semitic languages — Hebrew, Arabic, Aramaic, Akkadian, and Ethiopic — only Hebrew and Arabic are spoken today by a large number of people.

In the Biblical period, the Israelites who settled in the land of Canaan (Palestine) spoke a dialect of Canaanite known as Hebrew. These Israelites spoke and wrote "the language of Canaan" (Isaiah 19:18) — Hebrew — until the Babylonian exile in 586 B.C.E. Most of the Bible was composed in Hebrew. This earliest form of Hebrew is known as **Biblical Hebrew**. Recent excavations have disclosed examples of Hebrew dating from the fifteenth century B.C.E. These writings show how closely related Biblical Hebrew is to other ancient Semitic languages.

During the Babylonian exile (586–538 B.C.E.) Hebrew was highly influenced by another Semitic language, Aramaic, which was the **lingua franca** of the Near East. Thereafter, Aramaic grew in influence, especially in urban areas like Jerusalem and among the aristocratic and commercial classes. Hebrew, on the other hand, continued to be the language of the rural population which constituted the majority of the people. Though Aramaic was the spoken language among the urban population, most of the official and administrative documents were written in Hebrew. The language used in official documents laid the groundwork for the legal language that was later used in the rabbinical academies in Palestine. By the end of the Biblical era, around 450 B.C.E., both Hebrew and Aramaic were used freely in Jewish Palestine.

The Hebrew language developed rapidly between the first and third century of the Common Era. We refer to this Hebrew as **Mishnaic** or **Rabbinic Hebrew**. The scholars of this period, known as Tannaim, commented upon and expanded the laws found in the Bible. The literature they produced is called the Mishna, the Tosefta, and the early Midrashim. The Mishna and the Tosefta are two parallel organizational systems of Jewish law. The Midrashim are homiletic and sometimes legal commentaries on the Bible. Mishnaic or Rabbinic Hebrew represents a clear change from Biblical Hebrew. The vocabulary is much richer, it borrows heavily from Aramaic, Greek, and Latin, and its linguistic structure is closely related to Aramaic. Rabbinic Hebrew is the final stage of the "language of Canaan" which developed on Jewish soil.

After the destruction of the Second Temple in Jerusalem in 70 C.E., and the suppression of subsequent Jewish revolts, most of the rural population (whose language was Hebrew) was either killed or deported into slavery by the Romans. During the second century, the center of Jewish life shifted from Jerusalem to the Galilee, a region in which the mixed population spoke Aramaic and Greek. Even the rabbinic academies which studied the Mishna adopted Aramaic as the spoken language. Though Hebrew was no longer spoken, it continued to be used in liturgy and the study of the Bible. Hebrew remained the spiritual language of the Jewish people.

Under the impact of Islamic culture during the ninth to the thirteenth century, rabbinic, philosophical, and poetic works in Hebrew flourished. Jews living in Spain, Portugal, and Northern Africa composed significant literary works in Hebrew. Major Jewish works which had been written in Arabic, such as Maimonides's **Guide for the Perplexed**, were translated into Hebrew, as were important books by non-Jewish authors. The great scientific, philosophical, and grammatical works by Arab writers became known to Western Europe through their Hebrew translations. The Hebrew of the Middle Ages was highly influenced by Arabic in its vocabulary, word structure, and syntax.

Throughout the Middle Ages, Hebrew, though not ordinarily spoken, continued to be used for a variety of purposes: religious, literary, commercial, and even entertainment. Jews in all the countries of their dispersion could communicate with each other in Hebrew.

At the beginning of the Enlightenment period, towards the close of the eighteenth century, the vernacular of the masses in Europe was Yiddish; but most scholars and writers continued to write in Hebrew. In a deliberate attempt to break with tradition, they rejected the Rabbinic Hebrew of the religious authorities, and turned to the Hebrew of the Bible for inspiration. The first classics of modern Hebrew literature were written in Eastern Europe at the end of the nineteenth and the beginning of the twentieth century.

The Enlightenment also prepared the way for the emergence of a Jewish national movement — Zionism. The revival of Hebrew coincided with the growth of Zionism. Hebrew began to be spoken as a daily language by young Jews from Eastern Europe who settled in Palestine and worked to develop the country. Eliezer Ben Yehuda (1858–1922), popularly called 'the father of Modern Hebrew', forbade his family to speak any other language and raised the first Hebrew-speaking child in modern times. Ben Yehuda began to compile the first **Complete Dictionary of Ancient and Modern Hebrew**.

Even before the establishment of the State of Israel, Hebrew was already well entrenched in the land. With the influx of Jews from Europe and the Middle East speaking scores of vernaculars, Hebrew assumed a new role — serving as a unifying factor within this Babel of languages, and becoming the mother-tongue of the younger generation of Israelis. At the same time, influenced by the vocabulary and linguistic structure of the languages spoken by the new immigrants, Hebrew grew and developed.

Hebrew, which had been a language of the Book for so many centuries, is again an organic, living language.

Characteristics of the Hebrew Alphabet

There are 22 letters in the Hebrew alphabet, all of them consonants.
Hebrew is read from right to left.
The letters are not connected.
There is both a printed and a cursive form of the Hebrew letters.

Five consonants have two forms: one form is used at the beginning or in the middle of a word; the other is used only when the consonant appears at the end of a word. Both forms of the consonant have the same sound.

khahf sofit	ך	khafh	כ
mem sofit	ם	mem	מ
nun sofit	ן	nun	נ
feh sofit	ף	feh	פ
tsah-dee sofit	ץ	tsah-dee	צ

In modern Hebrew there are three letters whose sound will change when there is a dot (**dagesh**) in the center of the letter:

vet	ב	bet	בּ
khafh	כ	kahf	כּ
feh	פ	peh	פּ

The letter שׁ can have two sounds, depending on the position of the dot above the letter:

seen	שׂ	sheen	שׁ

Each Hebrew consonant has a numerical value: i.e., **aleph** = 1; **bet** = 2, etc. These letters are used to indicate dates in the Hebrew calendar, and sometimes page numbers.

Vowels

Vowel signs appear below, above, or to the side of the consonant.

The original text of the Hebrew Bible had no vowels because, in antiquity, Semitic languages were written without vowels. In later periods, several systems were invented by Jewish grammarians to help read the text. Our present system of vowels was invented by the Masoretes, Jewish scholars of Tiberias in Palestine, during the ninth or tenth century. Since the Bible was considered a holy book, the Rabbis did not want to make any changes in the consonantal text. The vowels were, therefore, added below, above, and beside the consonants. The Torah scrolls are still written without vowels.

In Israel, newspapers and most books are printed without vowels.

Pronunciation

There are two silent consonants, **alef** א and **ayin** ע, which assume the sound of the vowel attached to them. Every other consonant and vowel has a specific sound.

Most words in modern Hebrew are stressed on the last syllable.

*   *   *

We hope that using this **Primer** will be a pleasant learning experience, and will encourage the continued study of Hebrew, an ancient and modern language.

TO THE TEACHER

When the Hebrew Language Course (**Shelabim** series) was conceived and developed, the assumption was that the students starting **Shalav Aleph** would already have acquired basic language skills, i.e., the ability to read and write Hebrew, and a beginning vocabulary of approximately 120 words. After completing the series, however, we realized that many students starting this language course did not have those basic skills. We were then encouraged to prepare a **Primer** whose purpose is to teach these basic skills quickly and efficiently.

The goals of this **Primer** are to teach mechanical reading and script writing, and to introduce a vocabulary of 140 words. We do not intend at this point to teach grammatical principles, and we treat masculine/feminine, singular/plural forms as purely lexical items.

The consonants are not introduced in the order of their appearance in the Hebrew alphabet. The rationale for the sequence in which the consonants and the vowels are introduced is their recurring appearance in frequently used words. It was our desire to start forming words even in the first unit. The words used for practice reading are not combinations of nonsense syllables, but meaningful Hebrew words.

The reading material presented is graded, based on the consonants and vowels taught in the unit. The new words are taught in context, and not as isolated words listed for memorization. The vocabulary chosen is composed of words frequently used at home and in a classroom. This vocabulary makes it possible for the student to produce simple sentences and dialogues. The dialogues in the **Primer** allow the student to act out various situations; the stories are read for comprehension and pleasure.

Upon completion of the **Primer**, the students will be ready to continue their studies with עִבְרִית שָׁלָב א'.

Outline of Each Unit

A.   New consonants and English equivalent.
B.   New vowels and English equivalent.
C.   New consonants in script letters.
D.   Reading practice of words incorporating the new consonants and vowels. After the first unit, these words include a review of previously learned material. This section ends with a short list of several words presented in script.
E.   Dialogue/reading selections incorporating a basic vocabulary of words composed of the consonants and vowels taught in the unit.
F.   Vocabulary list.
G.   Exercises.

Each unit provides an opportunity to improve the students' ability to read mechanically, to increase their vocabulary, and to expand their comprehension of the Hebrew language.*

---

*   *A diagnostic test is available from Behrman House. This test will enable the teacher to judge the student's mastery of the material taught in this **Primer**.*

Other Features

In addition to teaching consonants and vowels, the **Primer** contains a unit on diphthongs and foreign loan sounds.

The last section is devoted to practice in writing and reading Hebrew script.

The vocabulary at the back of the book indicates the unit in which each word first appears. An additional word list groups the vocabulary according to categories — family, time, numbers, and school-related words — as well as parts of speech — nouns, pronouns, verbs, prepositions, adjectives, and interrogatives. This grouping helps the student to produce sentences.

The **Primer** also includes a selection of well-known Biblical passages, familiar Hebrew songs, and words and phrases of common usage. The student finishes the **Primer** with a sense of having mastered the ability to read a variety of Hebrew materials.

Unit 1

Letters

מ	M	man	א	silent	
תּ, ת	T	table	נ	N	no
ה	H	hat, silent at end of word			

Vowels

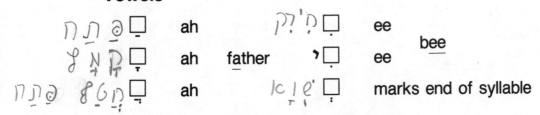

□ַ	ah		□ִ	ee	
□ָ	ah	father	□ִי	ee	bee
□ֲ	ah		□ְ	marks end of syllable	

Script

מ	מ	א	א
ת	ת	נ	נ
ה	ה		

1 מַ מָ מִי מָ מִ מִי מַ מָ מַ מִי

2 אַ אָ אִי אֲ אִ אִי אָ אַ אִי אַ

3 אַמַ אָמָ אִמַ אִמָ אִמִי אִמָא

4 תַּ תָּ תִּ תַּ תָּ תִּ תִּי תָּ תַּ תִּ

5 אַתּ מַת אַתָּ מַתִּי תָּאִי אִמָ מַתָּ

6 אֲמִי אַמִית אִמִי תָּא אִמָא מִי אַתְּ

7 נַ נָ נִי נִ נִי נָ נַ נִי נַ נָ

8 אֲנִי מִי אֲנִי אִמָא אֲנִי תַּמִי

9 הַ הָ הִי הֲ הִ הָ הִי הַ הָ הִ

10 תָּה נָה מַה תָּה מָה אָה נָה

11 מִי אֲנִי? מִי אַתְּ? מִי אַתָּה?

12 אֲנִי אִמָא. אֲנִי תַּמִי. אֲנִי אַנָה.

מִי אַתָּה? אֲנִי מַתִּי.

13 *מִי אֲנִי? מִי אַתְּ? מִי אַתָּה?*

14 *אֲנִי אִמָא. אֲנִי תַּמִי. אֲנִי אַנָה.*

Dialogue

[1]who (are) [2]you (f.s.)   – מִי¹ אַתְּ²?

[1]I (am)   – אֲנִי¹ נִינָה.

[1]what   – מָה¹ אַתְּ?

[1]mother   – אֲנִי אִמָּא¹.

      – מִי אַתְּ?

      – מִי אֲנִי? אֲנִי תַּמִי.

[1]you (m.s.)   – מִי אַתָּה¹?

      – אֲנִי מַתִּי.

      – מִי אַתְּ?

      – אֲנִי מִינָה.

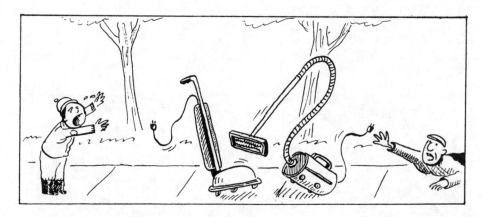

Vocabulary

you (are) (m.s.)	אַתָּה	who	מִי
you (are) (f.s.)	אַתְּ	what	מַה, מָה
mother	אִמָּא	I (am)	אֲנִי

Exercises

A. Translate.

1 אֲנִי אַנָה, אֲנִי אִמָא.

2 מִי אַתָּה? אֲנִי מַתִּי.

3 מִי אַתְּ? אֲנִי תַּמִי.

4 מִי אִמָא? אַנָה אִמָא.

B. Translate.

1 What are you? (f.)

2 I am a mother.

3 Who am I?

4 Who are you? (m.)

5 Who are you? (f.)

6 I am ____________.

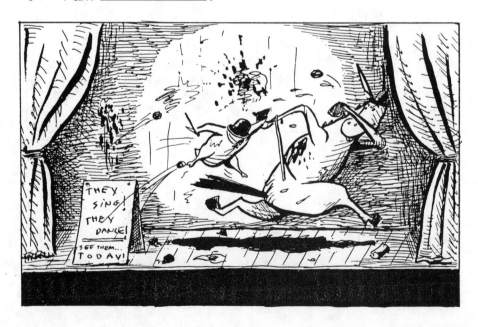

Unit 2

Letters

ר	R	ran		ל	L	love
ד	D	door		שׁ	SH	ship
ם	M (final letter)	ram				

Vowels

סֶגּוֹל	◻ֶ	eh	get
חוֹלָם	◻וֹ	o	more
?	◻ֹ	o	

Script

כ	ר	ℓ	ל
ℨ	ד	℮	שׁ
ρ	ם		

5

1 רַ רָ רֶ רוֹ רִי רֶ רִי רוֹ רַ רֹ

2 רָה מַר מָרָה אוֹר אוֹרוֹ אוֹרָה מוֹר מוֹרָה

3 תּוֹר תּוֹרָה מוֹרָה מוֹרֶה הוֹרֶה הוֹרָה

4 מִי אֲנִי? אֲנִי מוֹרָה. מִי אַתָּה? אֲנִי מוֹרֶה.

5 לַ לָ לִ לִי לוֹ לֶ לָ לִי לִ לֶ לֹ

6 תַּל לָהּ לוֹ לִי לֹא אַל נִילִי נָא מָל

7 דַ דָ דִ דוֹ דִי דֹ דֶ דִי דָ דַ דֹ

8 דַל דֶלֶת דִינָה דָנִי מֶרֶד דֶשֶׁא דוֹד

9 תַּלְמִיד תַּלְמִידָה אֲנִי תַּלְמִיד. אֲנִי תַּלְמִידָה.
אַתָּה תַּלְמִיד. אַתְּ תַּלְמִידָה.

10 מִי אַתָּה? אֲנִי מוֹרֶה. אֲנִי תַּלְמִיד. אֲנִי דוֹד.
אֲנִי דָנִי.

11 מִי אַתְּ? אֲנִי מוֹרָה. אֲנִי תַּלְמִידָה. אֲנִי דוֹדָה.
אֲנִי דָנִית.

12 שֶ שִי שַ שָ שוֹ שׂ שָ שוֹ שְ

13 אִיש אִשָה שֶלִי שֶלוֹ שִשִי שוֹר
שוֹרֶש שָר שִיר

14 שָלוֹש רָש שֶל ראש שָנָה שָאֲל
ראש הַשָנָה

15 שָם תָּם רָם לום לִים אִם דָם נָם

16 שָלום. שָלום מוֹרֶה. שָלום תַּלְמִיד.
שָלום תַּלְמִידָה. שָלום תַּלְמִידִים.
שָלום תַּלְמִידוֹת.

17 *שָלום. שָלום מוֹרֶה. שָלום תַּלְמִיד.*
שָלום תַּלְמִידָה. שָלום תַּלְמִידִים.
שָלום תַּלְמִידוֹת.

Dialogue

– שָׁלוֹם[1]. — [1]hello

– מִי אַתְּ?

– אֲנִי אוֹרָה. אֲנִי תַּלְמִידָה[1]. — [1]student (f.)

– מִי אַתָּה?

– אֲנִי דָנִי.

– אֲנִי אִישׁ[1]. אֲנִי מוֹרֶה[2]. — [1]man [2]teacher (m.)

– אַתְּ נִילִי?

– לֹא[1], אֲנִי לֹא נִילִי. — [1]no

– אֲנִי דִיוָה.

– מִי אַתְּ? אַתְּ מוֹרָה[1]? — [1]teacher (f).

– לֹא, אֲנִי לֹא מוֹרָה.

– אֲנִי הָאִמָּא[1] שֶׁל[2] שִׁירָה. — [1]the mother [2]of

– מִי שִׁירָה?

– שִׁירָה תַּלְמִידָה.

Story

[1]student (m.)	דָּנִיֵאל תַּלְמִיד[1].
[1]woman	הָאמָא שֶׁל דָּנִיֵאל אִשָׁה[1].
[1]she	הִיא[1] מוֹרָה. הִיא לֹא הַמּוֹרָה שֶׁל דָּנִיֵאל.
[1]my	הִיא הַמּוֹרָה שֶׁלִּי[1].

Vocabulary

hello, goodbye, peace	שָׁלוֹם
student (m.)	תַּלְמִיד
student (f.)	תַּלְמִידָה
man	אִישׁ
woman, wife	אִשָׁה
teacher (m.)	מוֹרֶה
teacher (f.)	מוֹרָה
no	לֹא
the	הַ... הָ...
of	שֶׁל
she	הִיא
my, mine	שֶׁלִּי

Exercises

A. Select the correct word.

1 דִינָה (תַלְמִיד תַלְמִידָה).
2 דָנִיאֵל (מוֹרֶה מוֹרָה).
3 מֹשֶׁה (תַלְמִיד תַלְמִידָה).
4 דָנִי (אִישׁ אִשָּׁה).
5 אִמָא (מוֹרֶה מוֹרָה).

B. Make up sentences by combining a word from column A with a word from column B.

A	B
אַתָּה לֹא	אִמָא
הִיא	תַלְמִיד
מַתַּי	מוֹרֶה
אַתְּ לֹא	תַלְמִידָה
	אִישׁ

C. Use each word in a sentence.

1 דִינָה
2 מֹשֶׁה
3 אַתְּ
4 אַתָּה
5 אֲנִי
6 אֲנִי לֹא

Unit 3

Letters

בּ	B	bat	ח	CH	Bach
כּ	K	kid	ו	V	victory
ן	final N	soon			

Vowels

◌ְ	beginning of syllable	petition
◌ֵ	eh	get*
וּ◌	oo	too

Script

ב בּ   ח ח

כ כּ   ו ו

ן ן

* Until recently, many Jews outside of Israel pronounced ◌ֵ as **ay** (day). Today, however, the normative Israeli pronunciation, ◌ֵ = **eh** (get), has been adopted by most of the Jewish world.

1 בַּ בֶּ בָּ בּוֹ בִּי בָּ בֶּ בִּ בַּ בֹּ

2 מֵ מוּ מְ נוּ תֵּ שׁוּ לְ רֵ אוּ דְ

3 אַבָּא בַּת בִּתִּי בִּתּוֹ בָּה בִּי בּוֹ בּוֹא

4 בְּנִי בָּא בַּר שֵׁם שַׁבָּת שָׁלוֹם בַּשָּׁנָה
הַבָּאָה אֵם בְּלִי

5 כָּ כַּ כִּי כּוֹ כּוּ כֶּ כֵּ כֹּ כִּ כְּ כֵּ

6 כִּתָּה הַכִּתָּה בַּכִּתָּה כָּשֵׁר כִּי כַּדּוּר כַּמָּה

7 מִן כֵּן הֵן תֵּן בֵּן שֵׁן מִין דִּין לוּן

8 נוֹתֵן אַתֶּן אַתֶּם שֶׁלָּהֶם שֶׁלָּהֶן אוֹתָם אוֹתָן

9 אָדוֹן אָרוֹן רֹאשׁ כַּלָּה מְאֹד רוֹאֶה שׁוֹמֵר

10 חַ חָ חִי חֵ חוּ חוֹ חִ חֹ חוּ חֶ

11 אָח אָחוֹת אַחִים נָח אֲנַחְנוּ חַלָּה חַלּוֹן

12 חֲמִשִּׁים אֲרוּחָה חַם חֹדֶשׁ חַנָּה חוּם חָתוּל

13 חֲלוֹם חָמֵשׁ אַחַת אֶחָד אֵם מִלְחָמָה חֶדֶר

14 בַּחוּרָה בַּחוּרִים כֹּהֵן בָּהֶן מְדַבֵּר מְדַבֶּרֶת

15 וְ וֶ וָ וַ וִי וּ וֹ וֵ וְ וִי וָ וַ

16 דָּוִד לֵוִי וִילוֹן וַרְדָּה וְשַׁבָּת וַאֲנִי אֲוִיר

17 דָּן וְדִינָה אֲנִי וְאַתָּה תַּלְמִיד וְתַלְמִידָה

בֶּלָה וְלֵאָה וְאוֹרָה מוֹרָה

18 מִי בַּכִּתָּה? תַּלְמִיד וְתַלְמִידָה בַּכִּתָּה.

תַּלְמִידִים בַּכִּתָּה. אֲנַחְנוּ בַּכִּתָּה.

מוֹרָה בַּכִּתָּה. אֲנִי וְאַתָּה בַּכִּתָּה.

19 מִי הוּא? הוּא אִישׁ. הוּא אַבָּא. הוּא מוֹרֶה.

הוּא בֵּן. הוּא תַּלְמִיד.

20 מִי הִיא? הִיא אִשָּׁה. הִיא אִמָּא. הִיא מוֹרָה.

הִיא בַּת. הִיא תַּלְמִידָה.

21 אַתָּה אַבָּא? לֹא, אֲנִי לֹא אַבָּא.

אַתְּ אִמָּא? כֵּן, אֲנִי אִמָּא.

22 אַתָּה מוֹרֶה? לֹא, אֲנִי לֹא מוֹרֶה, אֲנִי תַּלְמִיד.

23 אַתֶּם תַּלְמִידִים? כֵּן, אֲנַחְנוּ תַּלְמִידִים.

24 דָּוִד בַּכִּתָּה? כֵּן, הוּא בַּכִּתָּה.

וַרְדָּה בַּכִּתָּה? לֹא, הִיא לֹא בַּכִּתָּה.

25 חַנָּה וְלֵאָה בַּכִּתָּה? כֵּן, הֵן בַּכִּתָּה.

מֹשֶׁה וְלֵוִי בַּכִּתָּה? כֵּן, הֵם בַּכִּתָּה.

26 *חַנָּה וְלֵאָה בַּכִּתָּה? כֵּן, הֵן בַּכִּתָּה.*

מֹשֶׁה וְלֵוִי בַּכִּתָּה? כֵּן, הֵם בַּכִּתָּה.

Dialogue

מוֹרָה: שָׁלוֹם תַּלְמִידִים. אֲנִי הַמּוֹרָה.

תַּלְמִידִים: שָׁלוֹם מוֹרָה.

מוֹרָה: אֲנִי בֶּלָה. מִי אַתְּ?

דִינָה: אֲנִי דִינָה.

מוֹרָה: דִינָה, אַתְּ מוֹרָה?

דִינָה: אֲנִי לֹא מוֹרָה, אֲנִי תַּלְמִידָה.

מוֹרָה: מִי אַתָּה?

דָן: אֲנִי דָן.

מוֹרָה: דָן, אַתָּה תַּלְמִיד?

דָן: כֵּן[1], אֲנִי תַּלְמִיד.　　　　　　　[1]yes

מוֹרָה: מִי הוּא[1]?　　　　　　　　　　[1]he

דָן וְדִינָה: הוּא מֹשֶׁה.

מוֹרָה: הוּא מוֹרֶה?

דָן וְדִינָה: לֹא, הוּא לֹא מוֹרֶה, הוּא תַּלְמִיד בַּכִּתָּה[1].　[1]class

מוֹרָה: דִינָה וְ[1]דָן, אַתֶּם[2] מוֹרִים?　[1]and [2]you (m.pl.)

[1]we	דָּן וְדִינָה: לֹא, אֲנַחְנוּ[1] לֹא מוֹרִים.
[1]students (m.)	אֲנַחְנוּ תַּלְמִידִים[1].
[1]son [2]daughter	אֲנַחְנוּ הַבֵּן[1] וְהַבַּת[2] שֶׁל
	הַמוֹרֶה דָּנִיאֵל.
	מוֹרָה: מִי אַתְּ?
	לֵאָה: אֲנִי לֵאָה. אֲנִי תַּלְמִידָה בַּכִּתָּה.
[1]they (m.)	מוֹרָה: לֵאָה, מִי הֵם[1]?
	לֵאָה: הֵם לֵוִי וְדָוִד. הֵם תַּלְמִידִים בַּכִּתָּה.
[1]they (f.)	מוֹרָה: דָּוִד, מִי הֵן[1]?
	דָּוִד: הֵן תָּמָר וְשִׁירָה.
[1]students (f.)	הֵן תַּלְמִידוֹת[1] בַּכִּתָּה.
	מוֹרָה: מִי הוּא? הוּא מוֹרֶה?
	הַכִּתָּה: לֹא.
	מוֹרָה: הוּא תַּלְמִיד?
	הַכִּתָּה: לֹא.
	מוֹרָה: מִי הוּא?
[1]father	דָּוִד: הוּא הָאַבָּא[1] שֶׁלִּי.

Vocabulary   מִלּוֹן

yes	כֵּן
he	הוּא
we	אֲנַחְנוּ
you (m.pl.)	אַתֶּם
you (f.pl.)	אַתֶּן
they (m.)	הֵם
they (f.)	הֵן
and	וְ...
in the	בַּ...
in	בְּ...
class (f.)	כִּתָּה
students (m.)	תַּלְמִידִים (תַּלְמִיד)
students (f.)	תַּלְמִידוֹת (תַּלְמִידָה)
son	בֵּן
daughter	בַּת
father, Dad	אַבָּא

HW, Exer. A B + C

Exercises

A. Select the correct word.

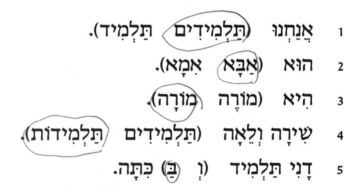

1 אֲנַחְנוּ (תַּלְמִידִים תַּלְמִיד).

2 הוּא (אַבָּא אִמָּא).

3 הִיא (מוֹרֶה מוֹרָה).

4 שִׁירָה וְלֵאָה (תַּלְמִידִים תַּלְמִידוֹת).

5 דָנִי תַּלְמִיד (וְ בַּ) כִּתָּה.

B. Match the following.

1	בֶּלָה	2	תַּלְמִיד
2	דָן	4	תַּלְמִידָה
3	רָחֵל וְלֵאָה	5	תַּלְמִידִים
4	דִינָה	3	תַּלְמִידוֹת
5	מֹשֶׁה וְדָנִי	1	מוֹרָה

C. Translate. H.W copy in script, then translate

1 שָׁלוֹם תַּלְמִידִים, אֲנִי הַמּוֹרָה.

2 אֲנִי לֹא תַּלְמִידָה. אֲנִי מוֹרָה.

3 אֲנַחְנוּ תַּלְמִידוֹת.

4 כֵּן, אֲנִי בַּכִּתָּה.

5 מִי אַתְּ?

6 מִי הוּא?

7 הוּא אַבָּא.

8 דָּן תַּלְמִיד וְדִינָה תַּלְמִידָה.

9 הִיא מוֹרָה וְהֵן תַּלְמִידוֹת.

10 הֵם תַּלְמִידִים בַּכִּתָּה שֶׁלִּי.

11 הֵם הַבֵּן וְהַבַּת שֶׁלִּי.

12 הָאַבָּא שֶׁלִּי מוֹרֶה.

Unit 4

Letters

ז	Z	zoo	פּ	P	pay
ג	G	girl	פ	F	foot
ס	S	sun			

Vowels

◌ֻ	oo	Susan	קֻבּוּץ

Script

ʒ	ז	∂	פּ
¿	ג	∂	פ
O	ס		

1 זַ זֶ זִי זוֹ זוּ זְ זֹ זָ זֵ זִ

2 זֶה זֹאת זוֹ זוּז זוּזִי זָר מְזוּזָה

3 סָ סַ סֶ סֵ סוֹ סוּ סֹ סְ סִי

4 כִּיס כִּסֵּא נֵס סַל סֻכָּה סֻכּוֹת
סִדּוּר סֵדֶר סַבָּא סְלִיחָה

5 גַ גוּ גָ גִי גוֹ גֶ גִ גֵ גֻ גְ גֹ

6 גַם גַן גִיר גַג גַל גָר שֶׁלֶג גֶשֶׁם

7 גוֹמֵר גוֹמֶרֶת גָדוֹל גְדוֹלָה סוֹגֵר
סוֹגְרִים גָמַר סָגַר גָמָל

8 פִּי פּוּ פֶּ פֵּ פַּ פֻּ פִּ פָּ פֹּ פּוֹ

9 פֹּה פֶּה פַּת פָּר פָּרָה פְּרִי פַּח פָּז

10 פֶּסַח פִּתָּה כִּפָּה פֵּרוֹת פֶּרַח סִפּוּר
פּוּרִים פַּרְפָּר

11 פִּי פַּ פּוֹ פּוּ פָּ פֶּ פְּ פֹּ פֵּ

12 סֵפֶר סְפָרִים פָּלָפֶל פִּלְפֵּל תְּפִלָּה

תְּפִלּוֹת שׁוֹפָר שֻׁלְחָן פְּרָחִים

13 כִּסֵּא זֶה זֹאת סֵפֶר סִפּוּר זָזָה

14 מַה זֹּאת? זֹאת כִּתָּה. זֹאת מוֹרָה.

זֹאת תַּלְמִידָה. זֹאת מְזוּזָה. זֹאת מְנוֹרָה.

15 מַה זֶּה? זֶה כִּסֵּא. זֶה גִּיר. זֶה שֻׁלְחָן.

זֶה סֵפֶר. זֶה סִפּוּר. זֶה חַלּוֹן.

16 *מַה זֶּה? זֶה כִּסֵּא. זֶה גִּיר. זֶה שֻׁלְחָן.*

זֶה סֵפֶר. זֶה סִפּוּר. זֶה חַלּוֹן.

Dialogues

[1]also	א הַתַּלְמִידִים בַּכִּתָּה. גַּם[1] הַמּוֹרָה בַּכִּתָּה.
	הַמּוֹרָה: שָׁלוֹם תַּלְמִידִים.
	הַתַּלְמִידִים: שָׁלוֹם מוֹרָה.
[1]here	הַמּוֹרָה: מִי לֹא פֹּה[1]?
	דָּוִד: דָּנִי לֹא פֹּה.
[1]because	דָּנִי לֹא פֹּה כִּי[1] הוּא בְּסַן דִּיאֶגוֹ.

	ב אִישׁ: שׁוֹשַׁנָה הָאִשָּׁה שֶׁלִּי.
	הִיא לֹא פֹּה.
[1]room	הִיא לֹא בַּחֶדֶר[1].
[1]garden	הִיא לֹא בַּגַּן[1].
	הִיא לֹא בַּכִּתָּה. שׁוֹשַׁנָה!!
[1]sukkah	שׁוֹשַׁנָה: אֲנִי בַּסֻּכָּה[1].

Vocabulary מִלּוֹן

also	גַּם
here	פֹּה
because	כִּי
room (m.)	חֶדֶר
garden, park (m.)	גַּן
sukkah, booth (f.)	סֻכָּה

¹this (m.)   ג   הַמּוֹרֶה: מַה זֶּה¹?

¹book   שׁוֹשַׁנָּה: זֶה סֵפֶר¹.

הַמּוֹרֶה: כֵּן, זֶה סֵפֶר.

שֶׁל מִי הַסֵּפֶר?

שׁוֹשַׁנָּה: הַסֵּפֶר שֶׁלִּי.

הַמּוֹרֶה: מַה זֶּה?

¹chalk   לֵוִי: זֶה גִּיר¹.

הַמּוֹרֶה: כֵּן. זֶה גִּיר.

¹this (f.)   מַה זֹּאת¹?

¹notebook   מֹשֶׁה: זֹאת מַחְבֶּרֶת¹.

הַמּוֹרֶה: כֵּן, זֹאת מַחְבֶּרֶת.

שֶׁל מִי הַמַּחְבֶּרֶת?

מֹשֶׁה: הַמַּחְבֶּרֶת לֹא שֶׁלִּי.

הַמַּחְבֶּרֶת שֶׁל הַמּוֹרֶה.

Vocabulary   מִלּוֹן

this (m.)   זֶה

this (f.)   זֹאת

book (m.)   סֵפֶר

chalk (m.)   גִּיר

notebook (f.)   מַחְבֶּרֶת

Story

סִפּוּר

[1]big

הַחֶדֶר שֶׁלִי גָדוֹל[1].

[1]door [2]window

בַּחֶדֶר שֶׁלִי דֶּלֶת[1], חַלוֹן[2],

[1]chair [2]table

כִּסֵּא[1] וְשֻׁלְחָן[2].

בַּחֶדֶר סֵפֶר גָדוֹל.

[1]story

בַּסֵפֶר סִפּוּר[1] גָדוֹל.

[1]family

הַמִשְׁפָּחָה[1] לֹא בַּחֶדֶר.

[1]brother

הָאָח[1] לֹא בַּחֶדֶר.

[1]sister

הָאָחוֹת[1] לֹא בַּחֶדֶר,

אֲנִי בַּחֶדֶר,

כִּי זֶה הַחֶדֶר שֶׁלִי!

Vocabulary

מִלוֹן

big (m.)

גָדוֹל

door (f.)

דֶּלֶת

window (m.)

חַלוֹן

chair (m.)

כִּסֵּא

table (m.)

שֻׁלְחָן

story (m.)

סִפּוּר

family (f.)

מִשְׁפָּחָה

brother

אָח

sister

אָחוֹת

Exercises

A.   Select the correct word.

1   בַּכִּתָּה שֶׁלִּי (מוֹרָה   מִשְׁפָּחָה).

2   בַּחֶדֶר שֶׁלִּי (סֻכָּה   שֻׁלְחָן).

3   בַּמִּשְׁפָּחָה שֶׁלִּי (אָח   דֶּלֶת).

4   בַּסֵּפֶר (תַּלְמִיד   סִפּוּר).

5   זֹאת (אִישׁ   אִשָּׁה).

B.   Select the correct word from the following word list.

חַלּוֹן   גָּדוֹל   מַחְבֶּרֶת   סֵפֶר   לֹא

1   בַּ_____ סִפּוּר.

2   כִּסֵּא _____ בַּחֶדֶר.

3   הַמִּשְׁפָּחָה _____ פֹּה.

4   בַּכִּתָּה _____ גָּדוֹל.

5   זֹאת _____.

C.   Translate.

1   הַמִשְׁפָּחָה שֶׁלִי לֹא בַּחֶדֶר שֶׁלִי.

2   הַסִפּוּר בַּמַחְבֶּרֶת.

3   כֵּן, הַסְפָרִים פֹּה בַּכִּתָּה. *Class*

4   בַּחֶדֶר חַלוֹן וְדֶלֶת.

5   הַמִשְׁפָּחָה שֶׁלִי בַּגַן.

D.   Answer the following questions.

1   מִי אַתָּה / אַתְּ?

2   מַה בַּחֶדֶר?

3   מִי בַּכִּתָּה?

4   מִי אֲנַחְנוּ?

5   מִי בַּמִשְׁפָּחָה?

Unit 5

Letters

ע	silent		
ט	T	table	
חַ	ACH	(at end of word)	Bach
ב	V	victory	
י	Y	yes	

Vowels

◌ֵי	ay	day

Script

ע	ע
ט	ט
ב	ב
י	י

1 עַ עוֹ עֶ עִי עֵ עֵי עֹ עוּ עָ
עְ עֲ

2 עַל עַם עַמִי עַמוֹ עִם עִמִי עִמוֹ

3 עִפָּרוֹן עוֹמֵד עוֹמֶדֶת עוֹמְדִים עוֹמְדוֹת
כַּעַס רַע רָעָה אַרְבַּע עִמָּה

4 בֶ בוֹ בִי בֵי בֵ בְ בָ בוּ בַ

5 אָב רַב לֵב דוֹב סָב גַב רִיב שָׁב

6 חָבֵר חֲבֵרָה כֶּלֶב עִבְרִית עֶרֶב שָׁבוּעַ
שָׁבוּעוֹת סַבְתָּא חֲבֵרִים חֲבֵרוֹת

7 כּוֹתֵב כּוֹתֶבֶת אַבְרָהָם אָבִינוּ חוֹשֵׁב
רְחוֹב שֶׁבַע דָּבָר כּוֹתְבִים

8 טִ טֶ טוֹ טוּ טַ טִי טֵי טֻ טֵ
טְ טָ טֹ

9 עֵט טוֹב טַל טַלִית טוֹבָה טִפֵּשׁ
מִטָּה תַּפְרִיט

10 מְעַט אוּנִיבֶרְסִיטָה שׁוֹפֵט שׁוֹטֵר
ט״ו בִּשְׁבָט / מִשְׁפָּט

11 יַ יוֹ יֶ יִי יֵ יוּ יְ יֹ יָ יֻ יֵי

12 יָם יָד יֵשׁ יוֹם יֶלֶד יָפֶה יָפָה יַיִן

13 יוֹשֵׁב יוֹשֶׁבֶת יוֹדֵעַ יוֹדְעִים יַלְדָה
יְלָדוֹת יְלָדִים יָפוֹת יָפִים

14 יְרוּשָׁלַיִם יוֹם כִּפּוּר יְהוּדִי יוֹרֵד יָשֵׁן

15 לוּחַ מֹחַ כֹּחַ סוֹלֵחַ פּוֹתֵחַ בּוֹרֵחַ
שׁוֹלֵחַ לוֹקֵחַ מָשִׁיחַ

16 פּוֹתַחַת סְלִיחָה חָמֵשׁ סָלַח אוֹרֵחַ
חֲנֻכָּה חַג אוֹרוֹת אַחַת רוּחַ יַחַד

17 מַה זֶה? זֶה עִפָּרוֹן. זֶה עֵט. זֶה חָבֵר.
זֶה כֶּלֶב. זֶה לוּחַ. זֶה יַיִן. זֶה בַּיִת.

18 *מַה זֶה? זֶה עִפָּרוֹן. זֶה עֵט. זֶה חָבֵר.*
זֶה כֶּלֶב. זֶה לוּחַ. זֶה יַיִן. זֶה בַּיִת.

Story — סִפּוּר א׳

הַתַּלְמִידִים לוֹמְדִים[1] עִבְרִית[2].
הַתַּלְמִידִים לוֹמְדִים עִבְרִית
בָּאוּנִיבֶרְסִיטָה בִּירוּשָׁלַיִם.
הַתַּלְמִידִים בַּכִּתָּה.
הַמּוֹרֶה כּוֹתֵב[1] עַל[2] הַלּוּחַ[3],
וְהַתַּלְמִידִים כּוֹתְבִים בַּמַּחְבֶּרֶת.

[1]study [2]Hebrew

[1]write [2]on [3]chalkboard

Vocabulary — מִלּוֹן א׳

dictionary

study, learn (m.s., m.pl.)	לוֹמֵד, לוֹמְדִים
Hebrew (f.)	עִבְרִית
university (f.)	אוּנִבֶרְסִיטָה
Jerusalem	יְרוּשָׁלַיִם
in Jerusalem	בִּירוּשָׁלַיִם
write (m.s., m.pl.)	כּוֹתֵב, כּוֹתְבִים
on, about	עַל
chalkboard (m.)	לוּחַ

(also calendar)

סִפּוּר ב׳

הִנֵּה[1] כֶּלֶב[2] יָפֶה[3]. — [1]here [2]dog [3]nice

הַכֶּלֶב יוֹשֵׁב[1] בַּכִּתָּה. — [1]sits

הַמּוֹרֶה וְהַתַּלְמִידִים מְדַבְּרִים[1]. — [1]speak

מוֹרֶה: שֶׁל מִי הַכֶּלֶב?

רִינָה: הַכֶּלֶב לֹא שֶׁלִּי.

מוֹרֶה: שֶׁל מִי הַכֶּלֶב?

דָּנִיאֵל: זֶה הַכֶּלֶב שֶׁלִּי.

הַכֶּלֶב שֶׁלִּי בַּכִּתָּה כִּי הוּא מְדַבֵּר[1] עִבְרִית. — [1]speaks

מוֹרֶה: הוּא מְדַבֵּר עִבְרִית?

דָּנִיאֵל: כֵּן, הוּא מְדַבֵּר עִבְרִית.

כֶּלֶב: הַב! הַב!

מִלּוֹן ב׳ — Vocabulary

הִנֵּה	here is
כֶּלֶב	dog (m.)
יָפֶה	nice, pretty (m.)
יוֹשֵׁב, יוֹשְׁבִים	sit (m.s., m.pl.)
מְדַבֵּר, מְדַבְּרִים	speak (m.s., m.pl.)

סִפּוּר ג׳

הַמִשְׁפָּחָה בַּחֶדֶר.

אִמָּא בַּחֶדֶר.

¹boy ²girl הַיֶלֶד¹ וְהַיַלְדָּה² בַּחֶדֶר.

אַבָּא לֹא פֹּה. הוּא בְּפִילַדֶלְפִיָה.

¹children ²to הַיְלָדִים¹ מְדַבְּרִים אֶל² אִמָּא.

¹where ²pencil שָׁאוּל: אִמָּא, אֵיפֹה¹ הָעִפָּרוֹן² שֶׁלִי?

אֲנִי כּוֹתֵב אֶל אַבָּא בְּפִילַדֶלְפִיָה.

¹good אִמָּא: אַתָּה יֶלֶד טוֹב¹ כִּי אַתָּה כּוֹתֵב אֶל

אַבָּא. הִנֵּה עִפָּרוֹן גָדוֹל וְיָפֶה.

¹thank you שָׁאוּל: תּוֹדָה¹ אִמָּא.

¹good ²pretty אַתְּ אִמָּא טוֹבָה¹ וְיָפָה². Sae/

Vocabulary

מִלּוֹן ג׳

boy	יֶלֶד
girl	יַלְדָּה
boys, children	יְלָדִים
where	אֵיפֹה
pencil (m.)	עִפָּרוֹן
to	אֶל
good (m.s., f.s.)	טוֹב, טוֹבָה
thanks	תּוֹדָה
pretty, nice (f.)	יָפָה

Exercises   תַּרְגִּילִים

A.   Select the correct word.

1   אֲנַחְנוּ (יוֹשְׁבִים לוֹמְדִים) עִבְרִית.

2   הַמּוֹרָה (כּוֹתֵב יוֹשֵׁב) עַל הַלּוּחַ.

3   דָּן (יוֹשֵׁב מְדַבֵּר) אֶל הַמִּשְׁפָּחָה.

4   הַתַּלְמִידִים (יוֹשְׁבִים כּוֹתְבִים) בַּמַּחְבֶּרֶת.

5   הַכֶּלֶב (יוֹשֵׁב כּוֹתֵב) בַּגַּן.

B.   Complete each sentence with the correct word.

טוֹב   אֵיפֹה   אֶל   הַחֶדֶר   יַלְדָּה   אוּנִיבֶרְסִיטָה

1   אֲנַחְנוּ לוֹמְדִים עִבְרִית בָּ‎אוּנִיבֶרְס‏.

2   דָּנִי לֹא פֹּה.   אֵיפֹה   הוּא?

3   הַיֶּלֶד מְדַבֵּר   אֶל   אִמָּא.

4   הַחֶדֶר   שֶׁלִּי גָּדוֹל וְיָפֶה.

5   דִּינָה   יַלְדָּה   יָפָה.

6   הוּא מוֹרֶה   טוֹב‏.

C.   Translate.

1   אֵיפֹה אַתָּה מְדַבֵּר עִבְרִית?

2   הַתַּלְמִידִים לֹא יוֹשְׁבִים בַּכִּתָּה כִּי הֵם בַּגַּן.

3   דָּנִי, הִנֵּה הָעִפָּרוֹן וְהַמַּחְבֶּרֶת.   תּוֹדָה אִמָּא.

4   אֲנִי לוֹמֵד עִבְרִית בָּאוּנִיבֶרְסִיטָה.

5   הַיֶּלֶד וְהַיַּלְדָּה כּוֹתְבִים אֶל הַמִּשְׁפָּחָה בִּירוּשָׁלַיִם.

Unit 6

Letters

ק   K   <u>k</u>ite   צ   TS   <u>ts</u>etse fly

שׂ   S   <u>s</u>at   ץ   final TS   ca<u>ts</u>

כ   CH   Ba<u>ch</u>   ף   final F   gol<u>f</u>

ך   final CH   Ba<u>ch</u>

ッ --αγiⱨ

Script

ⵑⵑ   ק   ⸲   צ

ℓ   שׂ   ℓ   ץ

⸲   כ   *find Hat*   ℓℓ   ף

⸲   ך   *final Fai*

35

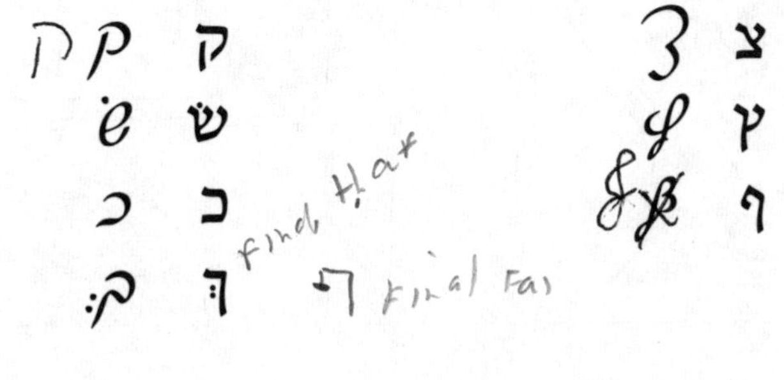

1 קוֹ קַ קֶ קֵי קֵ קִ קָ קֹ קְ

2 קָם קוּם קַל קוֹל קַר תִּיק רֵיק

3 קוֹרֵא לוֹקֵחַ בֹּקֶר קָטָן קְטַנָּה קִדּוּשׁ

קוֹנֶה קָפֶה שֶׁקֶט זָרַק שׁוּק קִיר

4 שֶׁ שָׁ שֵׁ שִׁ שׁוֹ שֵׁ שָׁ שֵׁי שְׁ

שׁוּ שַׁ שִׁי

5 שָׁם שַׁר שִׂים שָׂמַח שְׂמֵחָה שִׂמְחָה

מְשַׂחֵק בָּשָׂר יִשְׂרָאֵל

6 כַ כוֹ כִי כֵי כֶ כָ כִ כֹ כְ כֵ

7 בְּרָכָה אוֹכֵל אוֹכֶלֶת הוֹלֶכֶת הוֹלְכִים

נָכוֹן אֹכֶל בּוֹכֶה בָּכָה מָכַר

8 יָכוֹל חָכָם כּוֹכָב לָלֶכֶת לָכֶם שֶׁלָּכֶן

9 לָךְ בָּךְ אֵיךְ לֵךְ בָּרוּךְ מֶלֶךְ הוֹלֵךְ

10 אַחַר־כָּךְ דֶּרֶךְ שֶׁלָּךְ עִמָּךְ לְךְ שֶׁלְךְ

בְּךְ עִמְךְ

11 צַ צֶ צוֹ צִי צָ צֵי צֻ צֹ צוּ

12 צָם צַר צֵל צוֹם צָב צַו צֵא צוּר

13 מִצְוָה מַצָּה רוֹצֶה צָרִיךְ צְדָקָה בֵּיצָה
חֲצִי יָצָא צַדִּיק

14 עֵץ רָץ מִיץ קֵץ קָפַץ בַּחוּץ קַיִץ

15 אַף נוֹף עוֹף קוֹף דַף סוֹף אָלֶף־בֵּית

16 כֶּסֶף אֶרֶץ מֶלֶךְ עוֹף לֵךְ חֹרֶף קוֹל

17 הוּא אוֹכֵל פִּיצָה בְּאֶרֶץ יִשְׂרָאֵל.

18 צֶדֶק צֶדֶק תִּרְדֹּף.

19 מַה שְׁלוֹמְךָ? מַה שְׁלוֹמֵךְ?

20 הוּא אוֹכֵל פִּיצָה בְּאֶרֶץ יִשְׂרָאֵל.

21 צֶדֶק צֶדֶק תִּרְדֹּף.

22 מַה שְׁלוֹמְךָ? מַה שְׁלוֹמֵךְ?

סִפּוּר א׳

בֵּית־סֵפֶר[1].	[1]school
הַתַּלְמִידִים לוֹמְדִים עִבְרִית.	
הַמּוֹרֶה אוֹמֵר[1] אֶל הַתַּלְמִידִים: מִי לֹא פֹּה?	[1]says
הַתַּלְמִידִים אוֹמְרִים[1]: לֵאָה לֹא פֹּה.	[1]say
הִיא בַּבַּיִת[1] הַיּוֹם[2].	[1]house [2]today
הַמּוֹרֶה עוֹמֵד[1] לִפְנֵי[2] הַכִּתָּה.	[1]stands [2]in front of
הוּא מְדַבֵּר עִבְרִית.	
הוּא כּוֹתֵב עַל הַלּוּחַ.	
הַתַּלְמִידִים יוֹשְׁבִים. וְהֵם כּוֹתְבִים.	
גִּיל יוֹשֵׁב וְלֹא כּוֹתֵב.	
הַמּוֹרֶה אוֹמֵר אֶל גִּיל: גִּיל, מַדּוּעַ[1] אַתָּה יוֹשֵׁב וְלֹא כּוֹתֵב?	[1]why
גִּיל אוֹמֵר: אֲנִי לֹא כּוֹתֵב כִּי אֲנִי חוֹשֵׁב[1].	[1]think
הַמּוֹרֶה אוֹמֵר: עַל מָה אַתָּה חוֹשֵׁב?	
גִּיל אוֹמֵר: אֲנִי חוֹשֵׁב עַל הַחֲבֵרָה[1] שֶׁלִּי.	[1]friend (f.)

Vocabulary — מִלּוֹן א׳

school (m.)	בֵּית־סֵפֶר
say (m.s., m.pl.)	אוֹמֵר, אוֹמְרִים
house (m.)	בַּיִת
today (m.)	הַיּוֹם
day (m.)	יוֹם
stand (m.s., m.pl.)	עוֹמֵד, עוֹמְדִים
in front of	לִפְנֵי
why לָמָּה	מַדּוּעַ
think (m.s., m.pl.)	חוֹשֵׁב, חוֹשְׁבִים
friend (f.)	חֲבֵרָה
friend (m.)	חָבֵר
hospital	בֵּית-חוֹלִים

תַּרְגִּיל

Answer the following questions based on סִפּוּר א׳.

1 מַה לוֹמְדִים הַתַּלְמִידִים?

2 מִי לֹא בְּבֵית־הַסֵּפֶר?

3 אֵיפֹה עוֹמֵד הַמּוֹרֶה?

4 מִי לֹא כּוֹתֵב?

5 מַדּוּעַ הוּא לֹא כּוֹתֵב?

6 עַל מַה הוּא חוֹשֵׁב?

סִפּוּר ב׳

¹from America

יוֹסֵף כַּץ מֵאֲמֵרִיקָה‏¹.

¹now   ²ulpan

עַכְשָׁו‏¹ הוּא בְּאוּלְפָּן‏² בִּירוּשָׁלַיִם.

בָּאוּלְפָּן יוֹסֵף לוֹמֵד עִבְרִית.

¹reads

הוּא קוֹרֵא‏¹, כּוֹתֵב, וּמְדַבֵּר עִבְרִית.

¹from Israel

יִצְחָק לֵוִי מִיִשְׂרָאֵל‏¹. עַכְשָׁו הוּא בַּאֲמֵרִיקָה.

¹English

הוּא לוֹמֵד אַנְגְלִית‏¹ בָּאוּנִיבֶרְסִיטָה בְּנְיוּ יוֹרְק.

בָּאוּנִיבֶרְסִיטָה הוּא קוֹרֵא סְפָרִים בְּאַנְגְלִית,

¹but

אֲבָל‏¹ הוּא כּוֹתֵב אֶל הַמִשְׁפָּחָה בְּיִשְׂרָאֵל בְּעִבְרִית.

Vocabulary מִלּוֹן ב׳

from	מִ..., מֵ..., מִן
now	עַכְשָׁו
ulpan (language institute)	אוּלְפָּן
reads (m.s.)	קוֹרֵא
Israel	יִשְׂרָאֵל
English	אַנְגְּלִית
but	אֲבָל

תַּרְגִּיל

Answer the following questions based on סִפּוּר ב׳.

1 אֵיפֹה יוֹסֵף עַכְשָׁו?
2 מַה הוּא לוֹמֵד?
3 אֵיפֹה הוּא לוֹמֵד?
4 מִי בַּאֲמֵרִיקָה עַכְשָׁו?
5 מַה הוּא לוֹמֵד?
6 אֵיפֹה הוּא לוֹמֵד?
7 אֶל מִי הוּא כּוֹתֵב?

סִפּוּר ג׳

אֲנִי בְּיִשְׂרָאֵל וְלוֹמֵד עִבְרִית בָּאוּלְפָּן.

¹comes

הַמּוֹרָה שֶׁלִּי צִפּוֹרָה. הִיא בָּאָה¹ אֶל הַכִּתָּה

¹morning ²says

בַּבֹּקֶר¹ וְאוֹמֶרֶת²: בֹּקֶר טוֹב, תַּלְמִידִים.

הַיּוֹם אֲנַחְנוּ מְדַבְּרִים עִבְרִית וְלֹא אַנְגְּלִית.

¹people

אֲנִי אוֹמֵר: אֲבָל הָאֲנָשִׁים¹ בְּיִשְׂרָאֵל

מְדַבְּרִים אַנְגְּלִית, וַאֲנִי אוֹמֵר אֶל הָאֲנָשִׁים:

¹please

"בְּבַקָּשָׁה¹ עִבְרִית, וְלֹא אַנְגְּלִית.

אֲנִי מְדַבֵּר עִבְרִית פֹּה."

¹correct

הַמּוֹרָה אוֹמֶרֶת: נָכוֹן¹, הֵם מְדַבְּרִים אַנְגְּלִית

לָאֲמֵרִיקָאִים.

אֲנִי אוֹמֵר: אֲבָל אֲנִי מְדַבֵּר עִבְרִית בְּיִשְׂרָאֵל

וְלֹא אַנְגְּלִית.

Vocabulary

מִלּוֹן ג׳

comes (f.s.)	בָּאָה
morning (m.)	בֹּקֶר
says (f.s.)	אוֹמֶרֶת
people (m.)	אֲנָשִׁים ׳
please	בְּבַקָשָׁה ׳
correct	נָכוֹן ✳

Exercise
תַּרְגִיל

Answer the following questions based on סִפּוּר ג׳.

1   מִי צִפּוֹרָה?

2   מַה הִיא אוֹמֶרֶת?

3   מַה מְדַבְּרִים הַתַּלְמִידִים בַּכִּתָּה?

4   מַה מְדַבְּרִים הָאֲנָשִׁים בְּיִשְׂרָאֵל?

5   אֵיפֹה אֲנָשִׁים לוֹמְדִים עִבְרִית?

תַּרְגִּילִים

A. Translate.

1   בְּיִשְׂרָאֵל הָאֲנָשִׁים מְדַבְּרִים עִבְרִית וְאַנְגְלִית.

2   הַמּוֹרָה אוֹמֶרֶת: בְּבַקָשָׁה, עִבְרִית וְלֹא אַנְגְלִית בַּכִּתָּה.

3   הַתַּלְמִידִים לוֹמְדִים בָּאוּנִיבֶרְסִיטָה בַּבֹּקֶר.

4   אֲנַחְנוּ כּוֹתְבִים וְקוֹרְאִים עִבְרִית עַכְשָׁו.

5   הַיּוֹם הוּא חוֹשֵׁב עַל הַחֲבֵרָה.

6   מַדּוּעַ הַכֶּלֶב עוֹמֵד לִפְנֵי הַבַּיִת?

B. Cross out one word to make a correct Hebrew sentence.

1   דָוִד אוֹמֵר יוֹשֵׁב עַל כִּסֵּא בַּחֶדֶר.

2   הוּא עוֹמֵד לִפְנֵי עַל הַלּוּחַ.

3   הַרְבֵּה נָכוֹן אֲנָשִׁים מְדַבְּרִים עִבְרִית.   *many*

4   בַּבֹּקֶר הַמּוֹרָה בָּאָה תּוֹדָה אֶל הַכִּתָּה.

5   מִי מַדּוּעַ אַתָּה לֹא מְדַבֵּר עִבְרִית?

Unit 7

Diphthongs

◌ֵי	d<u>ay</u>
◌ַי	m<u>y</u>
◌וֹי	t<u>oy</u>
◌וּי	f<u>ooey</u>
◌ָיו	sl<u>av</u> any change?

1 בֵּית־סֵפֶר אֵין לִפְנֵי אֵיפֹה שְׁנֵי
בְּנֵי־יִשְׂרָאֵל שְׁנֵי שְׁתֵי בְּנֵי־בְּרִית

2 חַי דַי אוּלַי עָלַי מָתַי רַבּוֹתַי
מִצְוֹותַי סִפּוּרַי

3 גּוֹי אוֹי וַאֲבוֹי נוֹי כּוֹי הוֹי

4 תָּלוּי גָּלוּי וִדוּי בָּנוּי רָצוּי צִוּוּי

5 אֵלָיו יָדָיו עָלָיו בָּנָיו עֵינָיו מִצְוֹותָיו

Composite vowels

◻ֲ	father
◻ֱ	get
◻ֳ	saw

1 אֲנִי אֲנַחְנוּ חֲנֻכָּה חֲבֵרִים צָעֲקוּ אַהֲבָה

2 אֱמֶת אֱלֹהִים הֶאֱמִין נֶאֱמָן לֶאֱכֹל

3 אֳנִיָּה צָהֳרַיִם צִפֳּרִים חֳדָשִׁים אֳהָלִים

Borrowed foreign sounds

צ' Charley Chaplin

ג' Judy

ז' garage

The symbol ' is combined with letters to represent words of foreign origin.

1 צַ'רְלִי צַ'פְּלִין צ'וֹלֶנְט צִ'יפְּס צֶ'ק
צֶ'רְצִ'יל

2 ג'וּדִי גֶ'לִי גִ'ינְס גִ'ינְגֶ'ר־אֵיל ג'וֹרְג'

3 גָּרָז' זַ'קֶט בֵּז' זַ'בּוֹטִינְסְקִי קוֹרְסַז'
זַ'ק

סִפּוּר א׳

¹goes ²with	צַ׳רְלִי הוֹלֵךְ¹ עִם² הַמִשְׁפָּחָה אֶל
¹wants	סַן פְרַנְסִיסְקוֹ. הוּא רוֹצֶה¹ לֶאֱכֹל (to eat).
¹sees ²very	הוּא רוֹאֶה¹ מִסְעָדָה (restaurant) יָפָה מְאֹד².
¹name	שֵׁם¹ הַמִסְעָדָה "גַ׳רַדְלִי".
¹there is	בַּמִסְעָדָה יֵשׁ¹ פִּיצָה, סְטֵיק, סָלָט, הַמְבּוּרְגֶר,
¹water	סְפַּגֶטִי וְצִ׳יפְּס. גַם יֵשׁ מַיִם¹ עַל הַשֻׁלְחָן.
¹eats	צַ׳רְלִי אוֹכֵל¹ פִּיצָה וְסָלָט.
¹I have	"אוֹי," אוֹמֵר צַ׳רְלִי, "יֵשׁ לִי¹ גִ׳וּק (cockroach)
	בַּסָלָט."
	"אוֹי וַאֲבוֹי," אוֹמֶרֶת ג׳וּדִי, הָאִשָׁה שֶׁל צַ׳רְלִי.
¹see ²bad	"אֲנִי רוֹאָה¹ גִ׳וּק גָדוֹל בַּסָלָט. זֶה רַע² מְאֹד."
¹give	צַ׳רְלִי אוֹמֵר, "אֲנִי לֹא נוֹתֵן¹
¹money	כֶּסֶף¹ לֶאֱכֹל גִ׳וּקִים."
	הוּא עוֹמֵד וְהוֹלֵךְ מִן הַמִסְעָדָה.

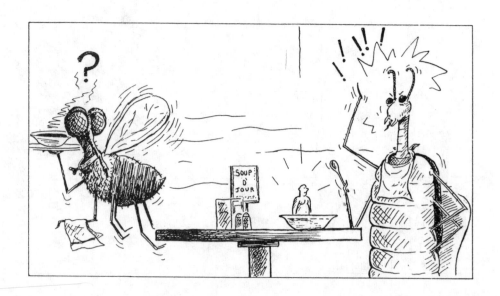

מִלּוֹן א'

goes, walks (m.s.)	הוֹלֵךְ
with	עִם
wants (m.s., f.s.)	רוֹצֶה, רוֹצָה
sees (m.s., f.s.)	רוֹאֶה, רוֹאָה
very	מְאֹד
name (m.)	שֵׁם
there is, there are	יֵשׁ
water (m.pl.)	מַיִם
eats (m.s.)	אוֹכֵל
I have	יֵשׁ לִי
bad (m.)	רַע
gives (m.s.)	נוֹתֵן
money (m.)	כֶּסֶף

תַּרְגִּילִים

A. Answer the following questions.

1 אֵיפֹה הַמִּשְׁפָּחָה שֶׁל צַ׳רְלִי?
2 מָה אוֹכֵל צַ׳רְלִי?
3 מָה רוֹאֶה צַ׳רְלִי בַּסַּלַט?
4 מַה אוֹמֶרֶת הָאִשָּׁה שֶׁל צַ׳רְלִי?
5 מַדּוּעַ צַ׳רְלִי לֹא נוֹתֵן כֶּסֶף?

B. Select the correct word.

1 הוּא (עוֹמֵד הוֹלֵךְ) אֶל סַן פְרַנְסִיסְקוֹ.
2 הָאִישׁ (רוֹצֶה כּוֹתֵב) אִשָּׁה.
3 דָּן (יוֹשֵׁב רוֹאֶה) יַלְדָּה יָפָה.
4 אַבָּא (אוֹכֵל לוֹמֵד) סְפַּגֶטִי.
5 אֲנִי (נוֹתֵן אוֹמֵר) כֶּסֶף אֶל יִשְׂרָאֵל.

C. Make up sentences using these phrases.

1 יֵשׁ לִי

2 בַּבֹּקֶר דָנִי אוֹכֵל

3 בַּכִּתָּה אֲנִי רוֹאֶה/רוֹאָה

4 הַמּוֹרֶה אוֹמֵר

5 הַתַּלְמִיד לוֹמֵד

סִפּוּר ב׳

גַ׳ק וְגִ׳יל בְּתֵל אָבִיב.

הֵם הוֹלְכִים בִּרְחוֹב (street) זַ׳בּוֹטִינְסְקִי.

גַ׳ק שׁוֹמֵעַ[1] מוּסִיקָה. — [1]hears

גִ׳יל רוֹאָה דִיסְקוֹ וְהִיא אוֹמֶרֶת:

"הִנֵּה דִיסְקוֹ."

הֵם הוֹלְכִים אֶל הַדִיסְקוֹ.

הֵם שׁוֹמְעִים[1] שִׁיר[2]: — [1]hear [2]song

אַחַת[1], שְׁתַּיִם[2], שָׁלוֹשׁ[3] — [1]one [2]two [3]three

הַיָּד[1] עַל הָרֹאשׁ[2] — [1]hand [2]head

אַרְבַּע[1], חָמֵשׁ[2], שֵׁשׁ[3] — [1]four [2]five [3]six

אִשָּׁה יָפָה לִי יֵשׁ.

גַ׳ק אוֹמֵר אֶל גִ׳יל:

"גַּם[1] יֵשׁ לִי אִשָּׁה יָפָה!" — [1]also

מִלּוֹן ב׳

hears (m.s., m.pl.)	שׁוֹמֵעַ, שׁוֹמְעִים
song (m.)	שִׁיר
one (f.)	אַחַת
two (f.)	שְׁתַּיִם
three (f.)	שָׁלוֹשׁ
four (f.)	אַרְבַּע
five (f.)	חָמֵשׁ
six (f.)	שֵׁשׁ
hand (f.)	יָד
head (m.)	רֹאשׁ
also	גַּם

תַּרְגִּילִים

A. Make up as many sentences as possible by using a word from
column A and one from column B.

B		A	
סִפּוּר	1	יֵשׁ לִי	1 2 3 4
שִׁיר	2	הוּא שׁוֹמֵעַ *hears*	1 2 3
כֶּסֶף	3	זֶה	1 2 3 4
רֹאשׁ	4	אֵיפֹה	3 4

Johnny Ray

B. Write the answer to these problems in numbers.

1. אַחַת + שָׁלוֹשׁ

2. חָמֵשׁ + אַחַת

3. שְׁתַּיִם + אַרְבַּע

4. שְׁתַּיִם + שָׁלוֹשׁ

5. שְׁתַּיִם + אַחַת

C. Translate.

1 They hear a song.

2 The hand is on the head.

3 I have a pretty wife (woman).

4 She sees money on the table.

5 In the morning he eats and goes to school.

סִפּוּר ג׳

^{why}

לֵוִי אוֹמֵר: מַדּוּעַ אֵין¹ שֶׁקֶט²
¹there is no ²quiet

בַּבַּיִת? אֲנִי לֹא יוֹדֵעַ¹.
¹know

אֲנִי קוֹרֵא סֵפֶר עַכְשָׁו וַאֲנִי רוֹצֶה שֶׁקֶט.

הַשָּׁבוּעַ¹ אֲנִי בַּבַּיִת כִּי יֵשׁ לִי חוֹפֶשׁ (vacation).
¹this week

כָּל¹ הַשָּׁנָה² אֲנִי לוֹמֵד בָּאוּנִיבֶרְסִיטָה.
¹all ²year

בַּבֹּקֶר אֲנִי לוֹמֵד פְּסִיכוֹלוֹגְיָה, מָתֶמָטִיקָה,
^{psychology}

וְגַם מוּסִיקָה. בָּעֶרֶב¹ אֲנִי לוֹמֵד פִילוֹסוֹפְיָה,
^{music}
¹evening

הִסְטוֹרְיָה וְעִבְרִית.

בָּאוּנִיבֶרְסִיטָה אֵין שֶׁקֶט –

הַסְטוּדֶנְטִים מְדַבְּרִים, וְהַפְּרוֹפֶסוֹרִים מְדַבְּרִים –
^{the professor}

וְאֵין שֶׁקֶט.

וְעַכְשָׁו גַּם בַּבַּיִת אֵין שֶׁקֶט.

מַדּוּעַ אֵין שֶׁקֶט בַּבַּיִת? זֹאת הַשְׁאֵלָה¹!
¹question

אֲנִי לוֹקֵחַ¹ ז׳קֶט וְכֶסֶף, וְהוֹלֵךְ אֶל
¹take

קוֹנְצֶרְט שֶׁל רוֹק!

מִלוֹן ג׳

there is no, there are no	אֵין ׳
quiet	שָׁקֵט ״
knows (m.s.)	יוֹדֵעַ ׳
week (m.)	שָׁבוּעַ ׳ *שָׁבוּעוֹת innes plural*
this week	הַשָּׁבוּעַ ׳
all *pronunciation rule*	כָּל ״
year (f.)	שָׁנָה
evening	עֶרֶב
question (f.)	שְׁאֵלָה *שְׁאֵלוֹת* ׳
takes (m.s.)	לוֹקֵחַ *לוֹקַחַת?* ׳

תַּרְגִּיל

Select the correct word to complete each sentence.

takes   *Knows*

שָׁבוּעַ   לוֹקֵחַ   שָׁנָה   אֵין   שָׁקֵט   יוֹדֵעַ   שְׁאֵלָה

1   הוּא __לוֹקֵחַ__ כֶּסֶף וְהוֹלֵךְ לְקוֹנְצֶרְט.   *concert*

2   אֵיפֹה דָּוִד? אֲנִי לֹא __יוֹדֵעַ__.

3   הַמּוֹרָה אוֹמֵר: __שָׁקֵט__, בְּבַקָּשָׁה.

4   בַּבַּיִת שֶׁלִּי __אֵין__ גֹּ׳וּקִים.   *cockroaches*

5   כָּל הַ__שָּׁנָה__ אֲנִי לוֹמֵד בָּאוּנִיבֶרְסִיטָה.

6   זֹאת __שְׁאֵלָה__ טוֹבָה.

7   "__שָׁנָה__ טוֹבָה," אוֹמְרִים הָאֲנָשִׁים.

סִפּוּר ד׳

בְּיִשְׂרָאֵל יֵשׁ הַרְבֵּה אֲנָשִׁים מִכָּל הָעוֹלָם (world).

הֵם בָּאִים[1] מִקָּנָדָה, רוּסְיָה, אַרְצוֹת הַבְּרִית (U.S.) — [1]come

מָרוֹקוֹ, אַרְגֶ'נְטִינָה, מֶקְסִיקוֹ,

וְגַם אוֹסְטְרַלְיָה וְאַפְרִיקָה.

הֵם הוֹלְכִים[1] לְאוּלְפָּן וְלוֹמְדִים עִבְרִית. — [1]go

הֵם לוֹמְדִים גַּם בַּבֹּקֶר וְגַם בָּעֶרֶב.

הֵם מְדַבְּרִים, כּוֹתְבִים וְקוֹרְאִים[1] עִבְרִית. — [1]read

הֵם שְׂמֵחִים (happy) כִּי הֵם בְּיִשְׂרָאֵל עַכְשָׁו.

מִלּוֹן ד׳

בָּאִים	come (m.s., m.pl.)
הוֹלֵךְ, הוֹלְכִים	go, walk (m.s., m.pl.)
לְ...	to
קוֹרֵא, קוֹרְאִים	read (m.pl.)

Songs

to peace we bring

1 הֵבֵאנוּ שָׁלוֹם עֲלֵיכֶם.

2 הִנֵּה מַה טּוֹב וּמַה נָּעִים
שֶׁבֶת אַחִים גַּם יָחַד.

3 דָּוִד מֶלֶךְ יִשְׂרָאֵל
חַי וְקַיָּם.

4 אֲנִי מַאֲמִין (3)
בֶּאֱמוּנָה שְׁלֵמָה
בְּבִיאַת הַמָּשִׁיחַ (2)
אֲנִי מַאֲמִין
(2)

5 עוֹשֶׂה שָׁלוֹם בִּמְרוֹמָיו
הוּא יַעֲשֶׂה שָׁלוֹם עָלֵינוּ
וְעַל כָּל־יִשְׂרָאֵל
וְאִמְרוּ, אִמְרוּ אָמֵן.
(2)

יַעֲשֶׂה שָׁלוֹם, יַעֲשֶׂה שָׁלוֹם,
שָׁלוֹם עָלֵינוּ וְעַל כָּל־יִשְׂרָאֵל.
(6)

הַתִּקְוָה

כָּל עוֹד בַּלֵּבָב פְּנִימָה
נֶפֶשׁ יְהוּדִי הוֹמִיָּה
וּלְפַאֲתֵי מִזְרָח קָדִימָה
עַיִן לְצִיּוֹן צוֹפִיָּה.

עוֹד לֹא אָבְדָה תִּקְוָתֵנוּ
הַתִּקְוָה שְׁנוֹת אַלְפַּיִם
לִהְיוֹת עַם חָפְשִׁי בְּאַרְצֵנוּ
אֶרֶץ צִיּוֹן וִירוּשָׁלַיִם.
(2)

Biblical Verses*

1   בְּרֵאשִׁית בָּרָא אֱלֹהִים אֵת הַשָּׁמַיִם וְאֵת הָאָרֶץ.

created

(בְּרֵאשִׁית א, א)

In the beginning God created the heavens and the earth.

(Genesis 1:1)

2   ... הַקֹּל קוֹל יַעֲקֹב וְהַיָּדַיִם יְדֵי עֵשָׂו. (בְּרֵאשִׁית כז, כב)

... the voice is the voice of Jacob, but the hands are the hands

of Esau.

(Genesis 27:22)

3   מַה טֹּבוּ אֹהָלֶיךָ יַעֲקֹב, מִשְׁכְּנֹתֶיךָ יִשְׂרָאֵל. (בְּמִדְבָּר כד, ה)

your tent

How goodly are your tents, O Jacob, your dwellings, O Israel.

(Numbers 24:5)

4   ... לֹא יִשָּׂא גוֹי אֶל גּוֹי חֶרֶב, וְלֹא יִלְמְדוּ עוֹד מִלְחָמָה.

war   *again*   *learn*   *native enemy*

(יְשַׁעְיָה ב, ד)

... Nation shall not take up sword against nation: they shall

never again know war.

(Isaiah 2:4)

---

* As was explained in the section **To the Student** at the beginning of the **Primer**,
in modern Hebrew there are three letters whose sound will change when there is
a dot (**dagesh**) in the center of the letter: פ – פּ   כ – כּ   ב – בּ
You will note other dots inside consonants in these biblical selections. They
have a grammatical significance, but do not change the pronunciation of the
consonant.

5   ... שָׁלוֹם שָׁלוֹם וְאֵין שָׁלוֹם. (יִרְמְיָה ו, יד)

... Peace, peace, but there is no peace.   (Jeremiah 6:14)

6   דּוֹדִי לִי וַאֲנִי לוֹ ... (שִׁיר הַשִּׁירִים ב, טז)

My beloved is mine and I am his ...

(Song of Songs 2:16)

7   ... כִּי אֶל אֲשֶׁר תֵּלְכִי אֵלֵךְ, וּבַאֲשֶׁר תָּלִינִי אָלִין, עַמֵּךְ עַמִּי וֵאלֹהַיִךְ אֱלֹהָי. (רוּת א, טז)

you will go which + where

... for wherever you lodge, I will lodge; your people shall be my people, and your God my God.   (Ruth 1:16)

The Hebrew Alphabet

Printed Form	Written Form	Name of Letter	Trans-literation
א	א	ah-leph	silent
בּ	בּ	beht	b
ב	ב	veht	v
ג	ג	gee-mel	g
ד	ד	dah-let	d
ה	ה	heh	h
ו	ו	vahv	v
ז	ז	zah-yin	z
ח	ח	heht	ḥ
ט	ט	teht	ṭ
י	י	yohd	y
כּ	כּ	kahf	k
כ ך	כ ך	khahf	kh
ל	ל	lah-med	l
מ ם	מ ם	mem	m
נ ן	נ ן	nun	n
ס	ס	sah-mekh	s
ע	ע	ah-yin	*silent*
פּ	פּ	peh	p
פ ף	פ ף	feh	f
צ ץ	צ ץ	tsah-dee	ts
ק	ק	kof	q
ר	ר	rehsh	r
שׁ	שׁ	sheen	sh
שׂ	שׂ	seen	s
ת תּ	ת תּ	tav	t

The Hebrew Vowels

	Sound		Name
◌ַ	ah	father	pataḥ
◌ָ	ah		kamats
◌ִ	ee	bee	ḥirik
◌ֵ	eh	get	tsereh
◌ֶ	eh		segol
◌וֹ	o	more	ḥolam
◌ֹ	o		ḥolam ḥaser
◌וּ	oo	too	shuruk
◌ֻ	oo		kubuts
◌ְ	marks beginning or end of syllable		sheva

Composite Vowels

◌ֲ	ah	father
◌ֱ	eh	get
◌ֳ	aw	saw

Diphthongs

◌ֵי	ay	day
◌ַי	eye	my
◌וֹי	oy	toy
◌וּי	ooey	fooey
◌ָיו	av	slav

Hebrew Script: Writing and Reading

Here are the print-forms of the Hebrew letters and their script
equivalents. This list is not arranged according to the *alphabet*.
Rather, the letters are grouped according to their similarity of
written form, and in the order of increasing complexity.
Practice writing the letters in the lines provided.

Section I

Script	Print
ד	ר
ה	ה
ח	ח
ת	ת
ק	ק

Script	Print
	כ
	ך
	ב
	פ
	ד
	צ

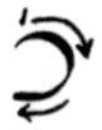

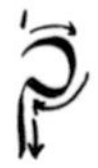

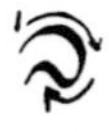

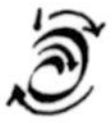

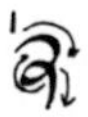

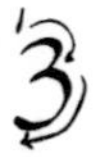

Reading Exercise — תַּרְגִּיל בִּקְרִיאָה

Read these words.

1 רַק הַר קַר פַּר בָּה לַר דַת

2 כַּד לַד בַּת בַּר רַב פֶּה פֹּה

3 כִּפָּה כִּתָּה כָּבָה חֶדֶר תַּחַת

4 חָבֵר דָבָר רָלָה לָחַק פָּתַח

5 חֲבֵרָה הַרְבֵּה לְדָקָה בְּרָכָה

6 פַּרְפַּר רִלְפָּה בְּרֵכָה רָכַב

Section 2

Script	Print
	ס
	ם
	ע
	י
	ו
	ן
	נ

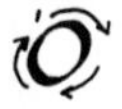

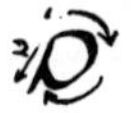

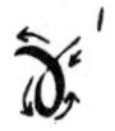

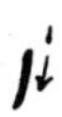

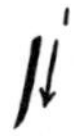

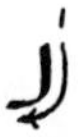

Script	Print
	מ
	ט
	א
	ש
	ל
	צ
	ף

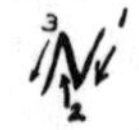

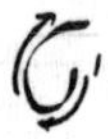

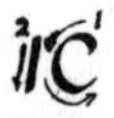

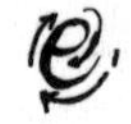

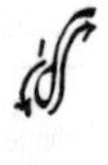

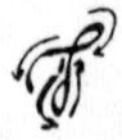

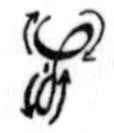

Script	Print
ג	ג
ז	ז

Reading Exercise

תַּרְגִּיל בִּקְרִיאָה

Read these words.

1 עִם מִן עַם אָב יֵשׁ עֵט אֵשׁ

2 שֵׁשׁ גַם גַן יָם לֹא זָז שֶׁל

3 עֵץ חַג שָׂמֵחַ עַל גַג אֶל לִי

4 שָׁלוֹשׁ נָסַע יוֹם אִישׁ אֵין שֶׁמֶן

5 עוֹף סוֹף גוּף זוּג זוּז אֶלֶף

6 מִיץ גָמָל גֶשֶׁם מַזָּל טוֹב

7 שָׁלוֹם עֲלֵיכֶם עוֹלָם נוֹסֵעַ

8 אֲנָשִׁים מִלִּים עֲנָנִים שֶׁלָּנוּ

Notice the Differences

Many letters resemble each other in Hebrew print and script. It is important to differentiate between them.

In *print*, the following pairs resemble each other:

ף ד	פ כ	ב כ	בַ נ
	ם ס	ה ח	
	ד ר	ת ח	

In *script*, the following pairs resemble each other:

ת   The left is open; the small line is curved.
ת   The left is closed with a straight line.

' / | These are all straight lines, but they differ in length.

ג ב   These letters are the mirror image of each other.
     Hint for remembering: *ג*, the letter that can be made more easily into a "G" is the letter that has the sound G.

ג   Larger and curvier at the bottom.
ז   Smaller and stops at the line.

כ   Curves around like a backwards "C".
ו   Stops at the bottom of the line.

פ   Has an extra little line at the bottom left.
ת   Stops at the bottom of the line.

Reading Exercise — תַּרְגִּיל בִּקְרִיאָה

Read these familiar English words that are commonly used in modern Hebrew.

1 אוֹטוֹ רַדְיוֹ טֶלֶפוֹן טֶלֶוִיזְיָה

2 פִּיצָה קוֹקָה-קוֹלָה סְפַּגֶטִי הַמְבּוּרְגֶר

3 קַפֶטֶרְיָה סְטֵיק קָפֶה מַקְרוֹנִי

4 סְפּוֹרְט פִּינְג-פּוֹנְג טַקְסִי סְטוּדֶנְט

5 בַּנְק מוּזֵיאוֹן קוֹנְצֶרְט דִיסְקוֹ

6 בְּרֵייקְס ג'ִינְס בִּירָה דוֹלָר

7 אַנְגְלִיָה אַלַסְקָה אִיטַלְיָה בְּרָזִיל

8 יַפָּן לוֹנְדוֹן רוֹמָא הוֹנְג קוֹנְג

9 פָּרִיז מִסִיסִפִּי קַלִיפוֹרְנְיָה

10 לוֹס אַנְגֶ'לֶס טֶקְסַס אוֹהַיוֹ בּוֹסְטוֹן

סִפּוּר

טֶלֶפוֹן

ר... ר... ר... ר...... (ring)

- הַלוֹ -
- הַלוֹ - מְדַבֵּר אִילָן.

לֵיאוֹרָה, אַתְּ בַּכִּתָּה שֶׁלִּי בָּאוּנִיבֶרְסִיטָה כָּל יוֹם. אַתְּ אִשָּׁה יָפָה מְאוֹד. אַתְּ אִשָּׁה טוֹבָה מְאוֹד. וְגַם אַתְּ אִשָּׁה....

- מִי זֶה?
- וְאַתְּ סְטוּדֶנְטִית טוֹבָה. וְאַתְּ...
- מִי זֶה?
- אַתְּ רוֹצָה לָלֶכֶת (to go) לְקוֹנְצֶרְט הָעֶרֶב? יֵשׁ קוֹנְצֶרְט בַּקַּמְפּוּס הָעֶרֶב. כָּל הַסְטוּדֶנְטִים הוֹלְכִים...
- מִי זֶה?
- אֲנִי אִילָן.
- מִי זֶה אִילָן?

\- אֲנַחְנוּ לוֹמְדִים עִבְרִית בָּאוּנִיבֶרְסִיטָה.

\- מַה זֶּה עִבְרִית? אֲנִי לֹא תַּלְמִידָה.

אֲנִי לֹא בָּאוּנִיבֶרְסִיטָה. אֲנִי בַּבַּיִת כָּל הַיּוֹם.

יֵשׁ לִי כֶּלֶב גָּדוֹל, אַרְבַּע יְלָדוֹת (girls)

וְיֶלֶד קָטָן (little)!...

Ginsberg

\- מַה? אַתְּ לֹא לִיאוֹרָה גִּינְזְבֶּרְג?

\- לִיאוֹרָה! מִי זֹאת לִיאוֹרָה?

Kennedy Carmen

אֲנִי כַּרְמֶן קֶנֶדִי.

\- אוֹי וַאֲבוֹי! שָׁלוֹם.

Writing Exercises

תַּרְגִּילִים בִּכְתִיבָה

A. Copy these sentences in script. translate

1 אֲנִי אִמָּא. אֲנִי תַּמִּי. אֲנִי אַנָּה.

1. I am mother. I am Tammy. I am Anna.

2 מִי אַתָּה? אֲנִי מַתִּי.

2. Who are you? I am Matty.

3 שָׁלוֹם מוֹרֶה. שָׁלוֹם תַּלְמִיד. שָׁלוֹם תַּלְמִידָה.

3. Hello teacher. Hello student (m). Hello student (f)

4 שָׁלוֹם תַּלְמִידִים. שָׁלוֹם תַּלְמִידוֹת.

4. Hello students. Hello students (f).

5 משֶׁה וְלֵוִי בַּכִּתָּה? כֵּן, הֵם בַּכִּתָּה.

Are Moshe and Levi in the classroom? Yes, they are in the classroom.

6 חַנָּה וְלֵאָה בַּכִּתָּה? כֵּן, הֵן בַּכִּתָּה.

6. Hannah and Leah are in the classroom. Yes, they are in the classroom.

7 מַה זֶּה? זֶה כִּסֵּא. זֶה גִּיר. זֶה שֻׁלְחָן.

7. What is this? This is a chair. This is chalk. This is a table.

8 זֶה סֵפֶר. זֶה סִפּוּר. זֶה חַלּוֹן.

8. This is a book. this is a story. this is a window

B. Copy these sentences in script.

pen

1 מַה זֶּה? זֶה עִפָּרוֹן. זֶה עֵט. זֶה חָבֵר.

1. What is this? This is a pencil. This is a pen. This is a friend.

wine

2 זֶה כֶּלֶב. זֶה לוּחַ. זֶה יַיִן. זֶה בַּיִת.

2. this is a dog. this is a chalkboard. This is wine. This is a house

3 הוּא אוֹכֵל פִּיצָה בְּאֶרֶץ יִשְׂרָאֵל.

3. He eats pizza in Israel.

pursue = רדף

4 צֶדֶק צֶדֶק תִּרְדֹּף.

4. Justice, justice shall you pursue.

5 מַה שְּׁלוֹמְךָ? מַה שְּׁלוֹמֵךְ?

5. How are you (m)? How are you (f)

6 עָלָיו בָּנָיו עֵינָיו מִצְווֹתָיו צִוּוּי

7 אֲנִיָּה צָהֳרַיִם צִפֳּרִים חֲדָשִׁים

new

8 גֶ'לִי גִ'ינְס גָּרָז' זַ'קֶט צ'וֹלֶנְט צִ'יפְּס

Chips cholent jacket garage Jeans jelly

מִלּוֹן

א

אַבָּא	3	father, Dad
אֲבָל	6	but
אוֹכֵל	7	eats (m.s.)
אוֹמֵר	6	says (m.s.)
אוֹמְרִים	6	say (m.pl.)
אוֹמֶרֶת	6	says (f.s.)
אוּנִיבֶרְסִיטָה	5	university
אָח	4	brother
אָחוֹת	4	sister
אַחַת	7	one (f.)
אֵין	7	there is no, there are no
אֵיפֹה	5	where
אִישׁ	2	man
אֶל	5	to
אִמָּא	1	mother
אַנְגְּלִית	6	English
אֲנַחְנוּ	3	we
אֲנִי	1	I
אֲנָשִׁים	6	people
אַרְבַּע	7	four (f.)
אִשָּׁה	2	woman, wife
אַתְּ	1	you (are) (f.s.)
אַתָּה	1	you (are) (m.s.)
אַתֶּם	3	you (m.pl.)
אַתֶּן	3	you (f.pl.)

ב

בְּ...	3	in
בַּ...	3	in the
בָּאָה	6	comes (f.s.)
בָּאִים	7	come (m.pl.)
בְּבַקָּשָׁה	6	please
בַּיִת	6	house (m.)
בֵּית־סֵפֶר	6	school
בֵּן	3	son
בֹּקֶר	6	morning (m.)
בַּת	3	daughter

ג

4	big (m.)	גָּדוֹל
4	chalk (m.)	גִּיר
7	also	גַּם
4	garden, park (m.)	גַּן

ד

4	door (f.)	דֶּלֶת

ה

2	the	הַ... הָ...
3	he	הוּא
7	goes, walks (m.s.)	הוֹלֵךְ
7	go, walk (m.pl.)	הוֹלְכִים
2	she	הִיא
6	today	הַיּוֹם
3	they (m.)	הֵם
3	they (f.)	הֵן
5	here is	הִנֵּה
7	this week	הַשָּׁבוּעַ

ו

3	and	וְ...

ז

4	this (f.)	זֹאת
4	this (m.)	זֶה

ח

6	friend (m.)	חָבֵר
6	friend (f.)	חֲבֵרָה
4	room (m.)	חֶדֶר
6	thinks (m.s.)	חוֹשֵׁב
6	think (m.pl.)	חוֹשְׁבִים
4	window (m.)	חַלּוֹן
7	five (f.)	חָמֵשׁ

ט

5	good (m.)	טוֹב
5	good (f.)	טוֹבָה

י

7	hand (f.)	יָד
7	knows (m.s.)	יוֹדֵעַ
6	day (m.)	יוֹם
5	sits (m.s.)	יוֹשֵׁב
5	sit (m.pl.)	יוֹשְׁבִים
5	boy	יֶלֶד
5	girl	יַלְדָּה
5	boys, children	יְלָדִים
5	pretty, nice (m.)	יָפֶה
5	nice, pretty (f.)	יָפָה
5	Jerusalem	יְרוּשָׁלַיִם
7	there is, there are	יֵשׁ
7	I have	יֵשׁ לִי
6	Israel	יִשְׂרָאֵל

כ

5 writes (m.s.) כּוֹתֵב
5 write (m.pl.) כּוֹתְבִים
4 because כִּי
7 all כָּל
5 dog (m.) כֶּלֶב
3 yes כֵּן
4 chair (m.) כִּסֵּא
7 money (m.) כֶּסֶף
3 class (f.) כִּתָּה

ל

7 to לְ...
2 no לֹא
5 chalkboard (m.) לוּחַ
5 study, learn (m.pl.) לוֹמְדִים
7 takes (m.s.) לוֹקֵחַ
6 in front of לִפְנֵי

מ

6 from מִ..., מֵ..., מִן
7 very מְאֹד
5 speaks (m.s.) מְדַבֵּר
5 speak (m.pl.) מְדַבְּרִים
6 why מַדּוּעַ
1 what מַה
2 teacher (m.s.) מוֹרֶה
2 teacher (f.s.) מוֹרָה
4 notebook (f.) מַחְבֶּרֶת
1 who מִי
7 water (m.pl.) מַיִם
4 family מִשְׁפָּחָה

נ

7 gives (m.s.) נוֹתֵן
6 correct נָכוֹן

ס

4 sukkah, booth (f.) סֻכָּה
4 story (m.) סִפּוּר
4 book (m.) סֵפֶר

ע

5 Hebrew (f.) עִבְרִית
6 stands (m.s.) עוֹמֵד
6 stand (m.pl.) עוֹמְדִים
6 now עַכְשָׁו
5 on, about עַל
7 with עִם
5 pencil (m.) עִפָּרוֹן
7 evening (m.) עֶרֶב

פ

4 here פֹּה

ק

6 reads (m.s.) קוֹרֵא
7 read (m.pl.) קוֹרְאִים

ר

7	head (m.)	ראש
7	sees (m.s.)	רוֹאֶה
7	wants (m.s.)	רוֹצֶה
7	bad (m.)	רַע

ש

7	question (f.)	שְׁאֵלָה
7	week (m.)	שָׁבוּעַ
7	hears (m.s.)	שׁוֹמֵעַ
7	hear (m.pl.)	שׁוֹמְעִים
7	song (m.)	שִׁיר
2	of	שֶׁל
2	hello, good-bye, peace	שָׁלוֹם
3	three (f.)	שָׁלוֹשׁ
4	table (m.)	שֻׁלְחָן
2	my, mine	שֶׁלִּי
7	name (m.)	שֵׁם
7	year (f.)	שָׁנָה
7	quiet	שֶׁקֶט
7	six (f.)	שֵׁשׁ
7	two (f.)	שְׁתַּיִם

ת

5	thanks	תּוֹדָה
2	student (m.s.)	תַּלְמִיד
2	student (f.s.)	תַּלְמִידָה
3	students (f.pl.)	תַּלְמִידוֹת
3	students (m.pl.)	תַּלְמִידִים

Word Groups

HOME

house	בַּיִת
door	דֶּלֶת
window	חַלּוֹן
room	חֶדֶר
table	שֻׁלְחָן
chair	כִּסֵּא
garden, park	גַּן

TIME

day	יוֹם
today	הַיּוֹם
week	שָׁבוּעַ
this week	הַשָּׁבוּעַ
year	שָׁנָה
morning	בֹּקֶר
evening	עֶרֶב
now	עַכְשָׁו

FAMILY

father	אַבָּא
mother	אִמָּא
son	בֵּן
daughter	בַּת
brother	אָח
sister	אָחוֹת
family	מִשְׁפָּחָה
man	אִישׁ
woman, wife	אִשָּׁה
people, men	אֲנָשִׁים
boy	יֶלֶד
girl	יַלְדָּה
children	יְלָדִים
friend (m.)	חָבֵר
friend (f.)	חֲבֵרָה
dog	כֶּלֶב

VERBS

eats	אוֹכֵל
walks, goes	הוֹלֵךְ
comes	בָּא
sits	יוֹשֵׁב
stands	עוֹמֵד
sees	רוֹאֶה
hears	שׁוֹמֵעַ
says	אוֹמֵר
speaks	מְדַבֵּר
gives	נוֹתֵן
• takes	לוֹקֵחַ
wants	רוֹצֶה
knows	יוֹדֵעַ
studies, learns	לוֹמֵד
reads	קוֹרֵא
thinks	חוֹשֵׁב
writes	כּוֹתֵב

SCHOOL

teacher (m.)	מוֹרֶה
teacher (f.)	מוֹרָה
student (m.)	תַּלְמִיד
student (f.)	תַּלְמִידָה
students	תַּלְמִידִים
classroom	כִּתָּה
school	בֵּית־סֵפֶר
chalkboard	לוּחַ
chalk	גִּיר
book	סֵפֶר
notebook	מַחְבֶּרֶת
pencil	עִפָּרוֹן
story	סִפּוּר
song	שִׁיר
question	שְׁאֵלָה

PRONOUNS

I	אֲנִי
you (m.s.)	אַתָּה
you (f.s.)	אַתְּ
he	הוּא
she	הִיא
we	אֲנַחְנוּ
· you (m.pl.)	אַתֶּם
· you (f.pl.)	אַתֶּן
· they (m.)	הֵם
· they (f.)	הֵן
this (m.)	זֶה
this (f.)	זֹאת

ADJECTIVES

good	טוֹב
bad	רַע
nice, pretty	יָפֶה
big	גָּדוֹל
small	קָטָן
↙ every	כָּל
mine	שֶׁלִּי

QUESTION AND ANSWER WORDS

what	מַה
where	אֵיפֹה
who	מִי
why	מַדּוּעַ
yes	כֵּן
no	לֹא
correct	נָכוֹן
there is	יֵשׁ
there is no	אֵין
because	כִּי

NUMBERS

one	אַחַת
two	שְׁתַּיִם
three	שָׁלוֹשׁ
four	אַרְבַּע
five	חָמֵשׁ
six	שֵׁשׁ

HELPFUL WORDS

hello, goodbye, peace	שָׁלוֹם
please	בְּבַקָּשָׁה
thank you	תּוֹדָה
I have	יֵשׁ לִי
here (is)	הִנֵּה
here	פֹּה
name	שֵׁם
money	כֶּסֶף
water	מַיִם
also	גַּם
and	ו...
head	רֹאשׁ
hand	יָד
quiet	שֶׁקֶט
English	אַנְגְּלִית
Hebrew	עִבְרִית
university	אוּנִיבֶרְסִיטָה
Jerusalem	יְרוּשָׁלַיִם
Israel	יִשְׂרָאֵל
sukkah	סֻכָּה
very	מְאֹד
the	הַ..., הָ...

PREPOSITIONS

to	אֶל
from	מִן, מ...
in	בּ...
on	עַל
with	עִם
of (belongs to)	שֶׁל
before	לִפְנֵי